Livre de Réceptions

D1674221

Imprimé par Amazon.com,
Avec l'autorisation de l'Auteur et des Éditions Joli Monde,

Toute reproduction ou transmission non autorisée de tout ou partie de cette publication sous quelque form
ou par quelque moyen que ce soit, y compris par photocopie, enregistrement ou autres méthod
électroniques ou mécaniques, constitue une violation du droit d'auteur, et ce dans tous pays.

Tous les droits sont réservés, dans tous pays.

© Éditions Joli Monde, octobre 2020
ISBN 9798693090910

Qu'il s'agisse de membres de la famille, d'amis ou de relations professionnelles,
Que la soirée soit décontractée ou officielle,
Une réception réussie nécessite une préparation
Pour apporter toute l'attention que méritent vos convives.

Vos invités seront étonnés par votre organisation,
Votre ingéniosité et votre capacité illimitée à vous renouveler.
Vous saurez ainsi faire de chaque invitation
Un plaisir partagé.

Ce livre de réceptions sera le témoin de vos déjeuners, dîners et apéritifs.
Il sera également votre mémoire afin d'éviter des redites
Et saura enrichir chacun de ces instants de partage social et de dégustation culinaire.

Plan de table :

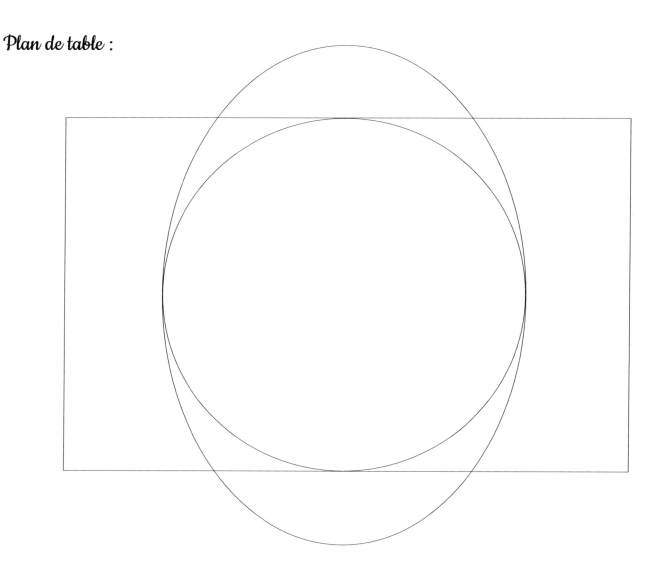

Photo Souvenir :

Date _____ Lieu _____ Nombre de convives _____
Occasion _____ Thème de la réception _____
Noms des invités :

8. _____
9. _____
10. _____
11. _____
12. _____
13. _____
14. _____

Idées de menu

Menu définitif

Apéritif

Vins et Boissons

Thème et Décorations

Plan de table :

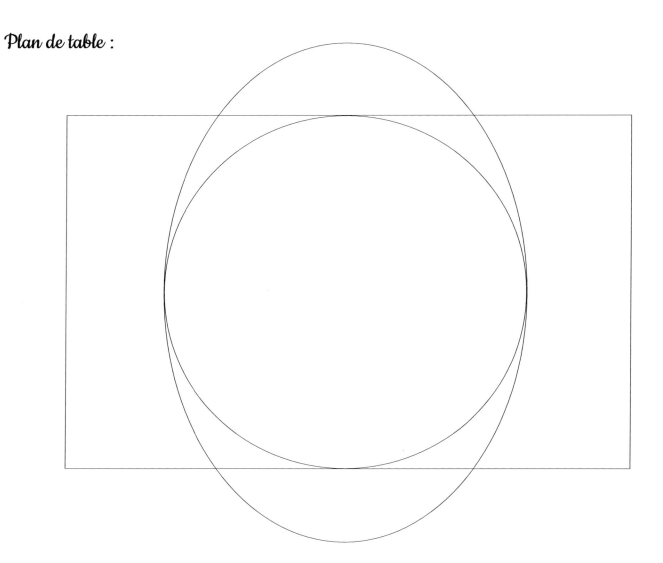

Photo Souvenir :

Date _____ Lieu _____ Nombre de convives _____

Occasion _____ Thème de la réception _____

Noms des invités :

_____
_____
_____
_____
_____
_____
_____

8. _____
9. _____
10. _____
11. _____
12. _____
13. _____
14. _____

Idées de menu

_____
_____
_____
_____
_____
_____
_____
_____
_____
_____
_____
_____

Menu définitif

_____
_____
_____
_____
_____
_____
_____
_____
_____
_____
_____
_____

Apéritif

_____
_____
_____
_____
_____
_____
_____

Vins et Boissons

_____
_____
_____
_____
_____
_____

Thème et Décorations

_____
_____
_____
_____
_____
_____
_____
_____
_____

Plan de table :

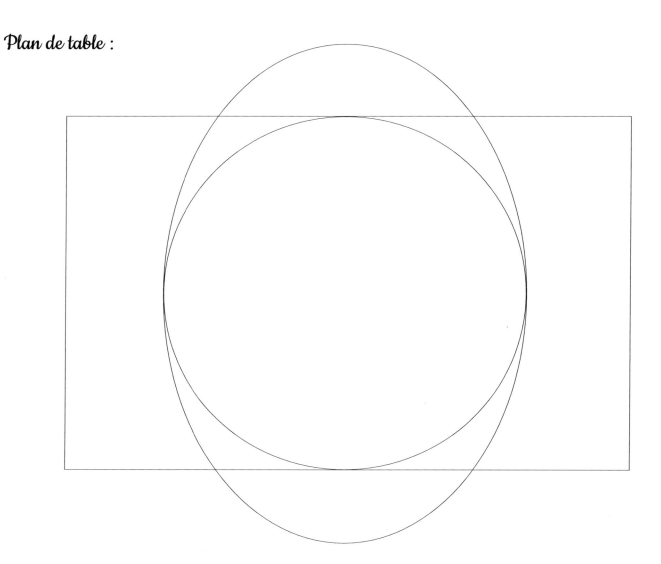

Photo Souvenir :

Date _____ Lieu _____ Nombre de convives _____

Occasion _____ Thème de la réception _____

Noms des invités : 🌼

_____
_____ 8. _____
_____ 9. _____
_____ 10. _____
_____ 11. _____
_____ 12. _____
_____ 13. _____
_____ 14. _____

Idées de menu

Menu définitif

Apéritif

Vins et Boissons

Thème et Décorations

Plan de table :

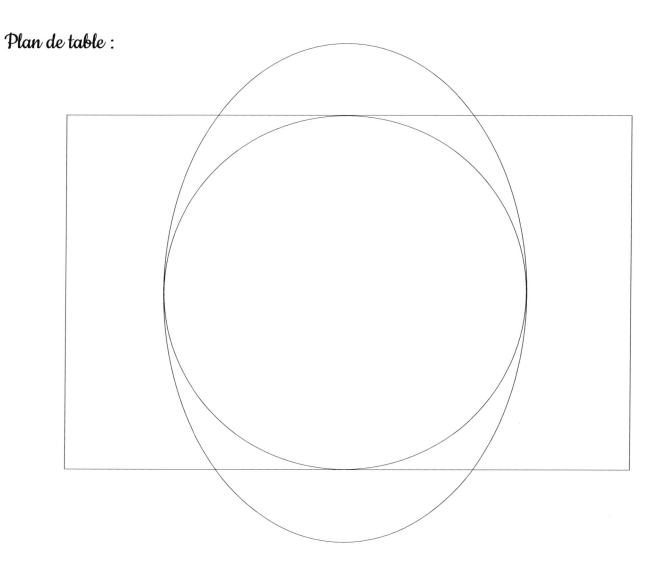

Photo Souvenir :

Date _____ Lieu _____ Nombre de convives _____

Occasion _____ Thème de la réception _____

Noms des invités : 🌼

_____
_____ 8. _____
_____ 9. _____
_____ 10. _____
_____ 11. _____
_____ 12. _____
_____ 13. _____
_____ 14. _____

Idées de menu

_____
_____
_____
_____
_____
_____
_____
_____
_____
_____
_____

Menu définitif

_____
_____
_____
_____
_____
_____
_____
_____
_____
_____
_____

Apéritif

_____
_____
_____
_____
_____

Vins et Boissons

_____
_____
_____
_____
_____

Thème et Décorations

_____
_____
_____
_____
_____
_____

Plan de table :

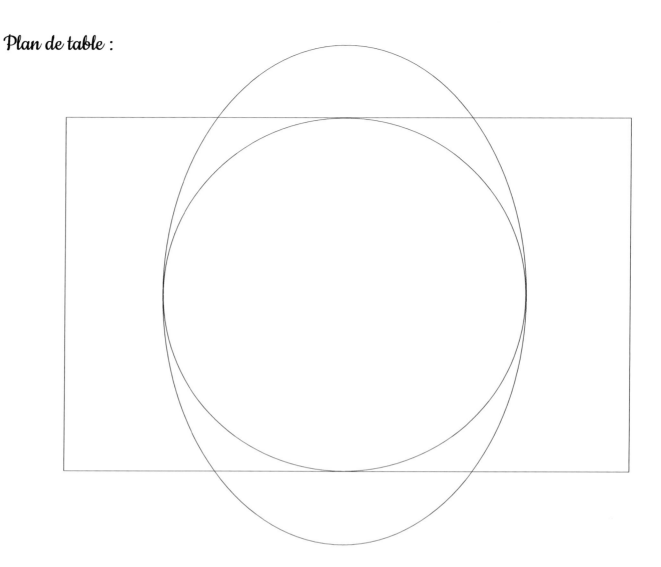

Photo Souvenir :

Date _____ Lieu _____ Nombre de convives _____
Occasion _____ Thème de la réception _____

Noms des invités :

_____
_____
_____
_____
_____
_____
_____

8. _____
9. _____
10. _____
11. _____
12. _____
13. _____
14. _____

Idées de menu

_____
_____
_____
_____
_____
_____
_____
_____
_____
_____
_____
_____

Menu définitif

_____
_____
_____
_____
_____
_____
_____
_____
_____
_____
_____

Apéritif

_____
_____
_____
_____
_____
_____

Vins et Boissons

_____
_____
_____
_____
_____

Thème et Décorations

_____
_____
_____
_____
_____

Plan de table :

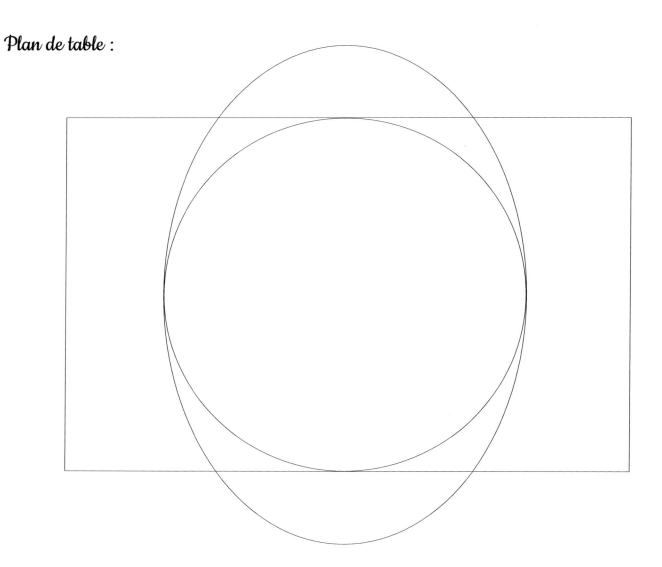

Photo Souvenir :

Date _____ Lieu _____   Nombre de convives _____

Occasion _____   Thème de la réception _____

Noms des invités : ✿

_____   8. _____
_____   9. _____
_____   10. _____
_____   11. _____
_____   12. _____
_____   13. _____
_____   14. _____

Idées de menu

_____
_____
_____
_____
_____
_____
_____
_____
_____
_____

Menu définitif

_____
_____
_____
_____
_____
_____
_____
_____
_____

Apéritif

_____
_____
_____
_____
_____

Vins et Boissons

_____
_____
_____
_____
_____

Thème et Décorations

_____
_____
_____

Plan de table :

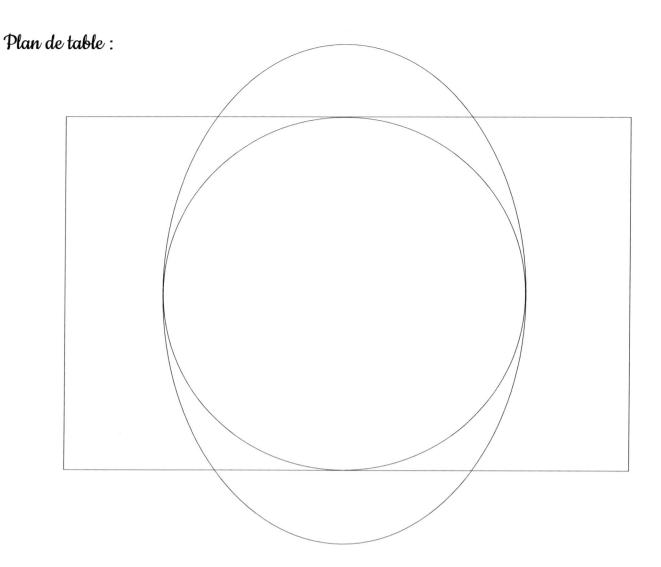

Photo Souvenir :

Date _____ Lieu _____

Nombre de convives _____

Occasion _____

Thème de la réception _____

Noms des invités :

8. _____
9. _____
10. _____
11. _____
12. _____
13. _____
14. _____

Idées de menu

Menu définitif

Apéritif

Vins et Boissons

Thème et Décorations

Plan de table :

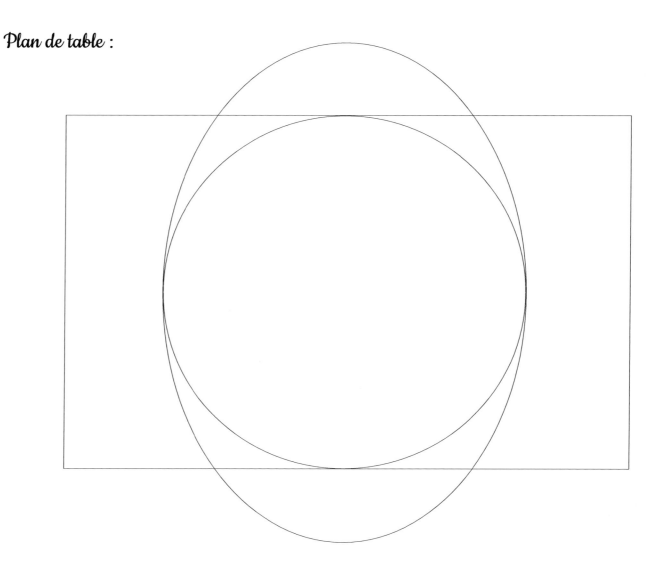

Photo Souvenir :

Date _____ Lieu _____

Occasion _____

Nombre de convives _____

Thème de la réception _____

Noms des invités :

_____

_____

_____

_____

_____

_____

8. _____

9. _____

10. _____

11. _____

12. _____

13. _____

14. _____

Idées de menu

_____

_____

_____

_____

_____

_____

_____

_____

_____

_____

_____

Menu définitif

_____

_____

_____

_____

_____

_____

_____

_____

Apéritif

_____

_____

_____

_____

_____

_____

Vins et Boissons

_____

_____

_____

_____

_____

Thème et Décorations

_____

_____

_____

_____

_____

_____

Plan de table :

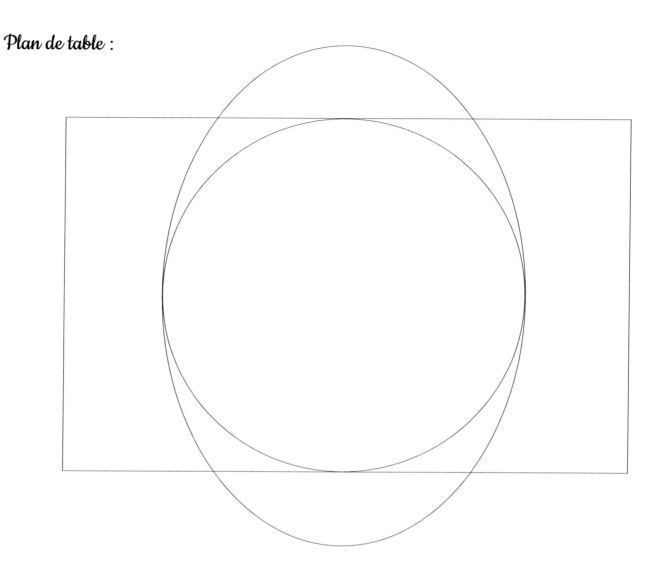

Photo Souvenir :

Date _____ Lieu _____

Occasion _____

Noms des invités : ✿

_____
_____
_____
_____
_____
_____

Nombre de convives _____
Thème de la réception _____

✿

8. _____
9. _____
10. _____
11. _____
12. _____
13. _____
14. _____

Idées de menu

_____
_____
_____
_____
_____
_____
_____
_____
_____
_____
_____
_____

Menu définitif

_____
_____
_____
_____
_____
_____
_____
_____
_____
_____
_____

Apéritif

_____
_____
_____
_____
_____
_____

Vins et Boissons

_____
_____
_____
_____
_____

Thème et Décorations

_____
_____
_____
_____
_____

Plan de table :

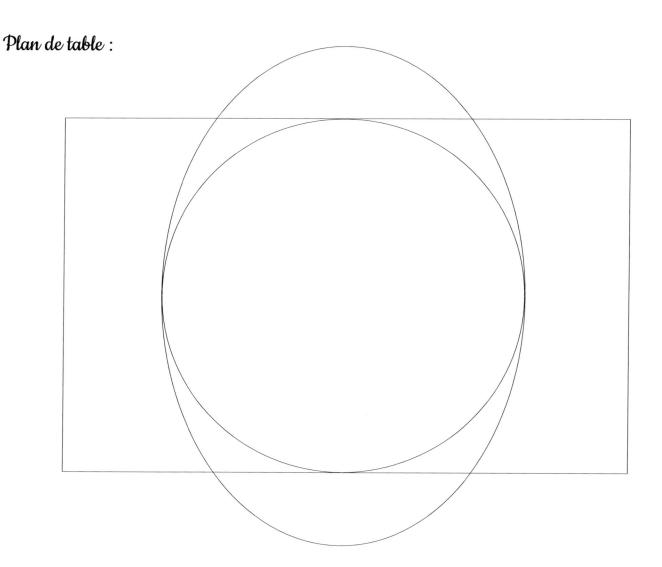

Photo Souvenir :

Date _____ Lieu _____ Nombre de convives _____

Occasion _____ Thème de la réception _____

Noms des invités :

_____
_____
_____
_____
_____
_____

8. _____
9. _____
10. _____
11. _____
12. _____
13. _____
14. _____

Idées de menu

_____
_____
_____
_____
_____
_____
_____
_____
_____
_____
_____
_____

Menu définitif

_____
_____
_____
_____
_____
_____
_____
_____
_____
_____
_____

Apéritif

_____
_____
_____
_____
_____
_____

Vins et Boissons

_____
_____
_____
_____
_____

Thème et Décorations

_____
_____
_____
_____
_____

Plan de table :

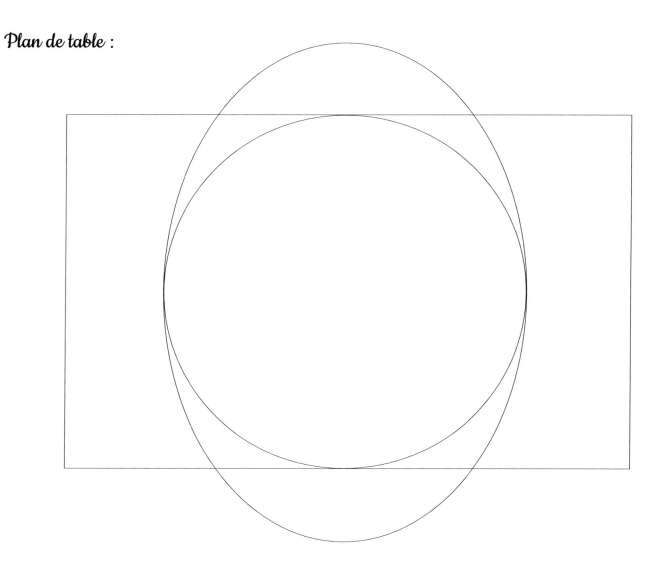

Photo Souvenir :

Date _____ Lieu _____ Nombre de convives _____
Occasion _____ Thème de la réception _____

Noms des invités :

_____
_____
_____
_____
_____
_____

8. _____
9. _____
10. _____
11. _____
12. _____
13. _____
14. _____

Idées de menu

_____
_____
_____
_____
_____
_____
_____
_____
_____
_____
_____

Menu définitif

_____
_____
_____
_____
_____
_____
_____
_____
_____
_____

Apéritif

_____
_____
_____
_____
_____
_____

Vins et Boissons

_____
_____
_____
_____
_____
_____

Thème et Décorations

_____
_____
_____
_____
_____
_____
_____

Plan de table :

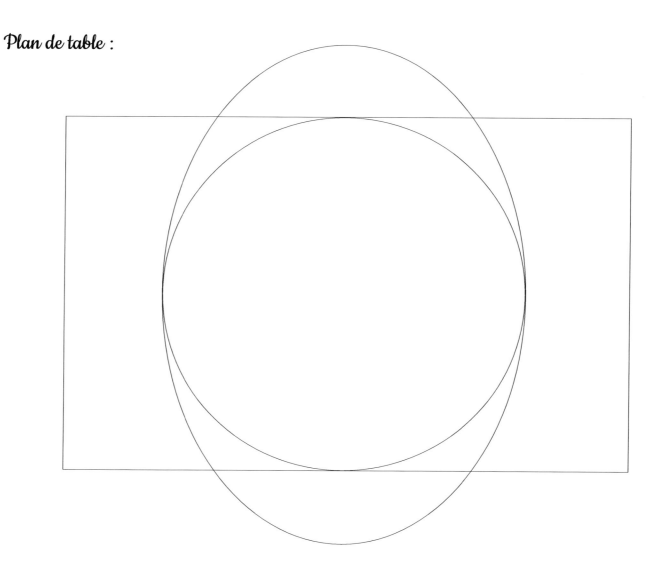

Photo Souvenir :

Date _____ Lieu _____

Occasion _____

Noms des invités :

Nombre de convives _____

Thème de la réception _____

8. _____
9. _____
10. _____
11. _____
12. _____
13. _____
14. _____

Idées de menu

Menu définitif

Apéritif

Vins et Boissons

Thème et Décorations

Plan de table :

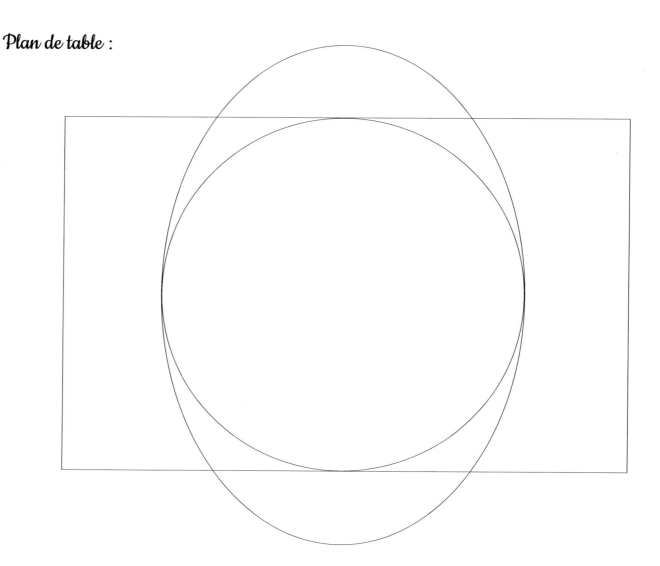

Photo Souvenir :

Date _____ Lieu _____

Occasion _____

Nombre de convives _____

Thème de la réception _____

Noms des invités : ✿

_____

_____

_____

_____

_____

_____

8. _____

9. _____

10. _____

11. _____

12. _____

13. _____

14. _____

Idées de menu

_____

_____

_____

_____

_____

_____

_____

_____

_____

_____

_____

Menu définitif

_____

_____

_____

_____

_____

_____

_____

_____

_____

_____

Apéritif

_____

_____

_____

_____

_____

Vins et Boissons

_____

_____

_____

_____

Thème et Décorations

_____

_____

_____

_____

_____

Plan de table :

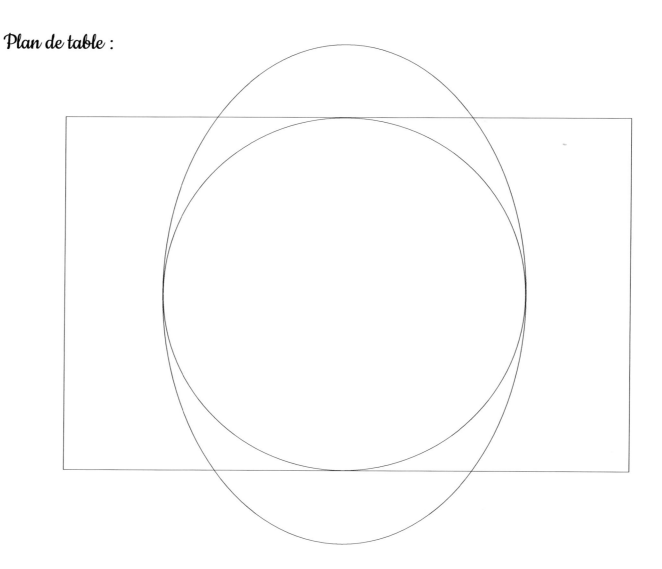

Photo Souvenir :

Date _____   Lieu _____

Occasion _____

Noms des invités : ✿

_____
_____
_____
_____
_____
_____

Nombre de convives _____
Thème de la réception _____

✿

8. _____
9. _____
10. _____
11. _____
12. _____
13. _____
14. _____

Idées de menu

_____
_____
_____
_____
_____
_____
_____
_____
_____
_____

Menu définitif

_____
_____
_____
_____
_____
_____
_____
_____
_____

Apéritif

_____
_____
_____
_____
_____
_____

Vins et Boissons

_____
_____
_____
_____
_____

Thème et Décorations

_____
_____
_____
_____
_____
_____

Plan de table :

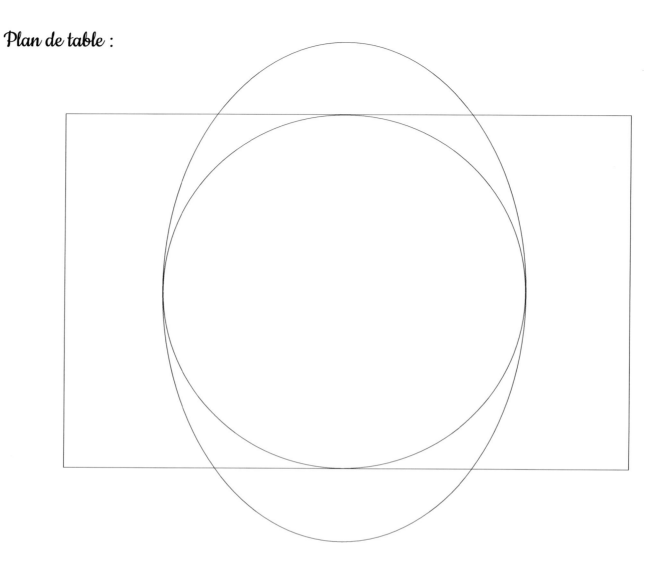

Photo Souvenir :

Date _____ Lieu _____ Nombre de convives _____
Occasion _____ Thème de la réception _____

Noms des invités :

1. _____
2. _____
3. _____
4. _____
5. _____
6. _____
7. _____

8. _____
9. _____
10. _____
11. _____
12. _____
13. _____
14. _____

Idées de menu

Menu définitif

Apéritif

Vins et Boissons

Thème et Décorations

Plan de table :

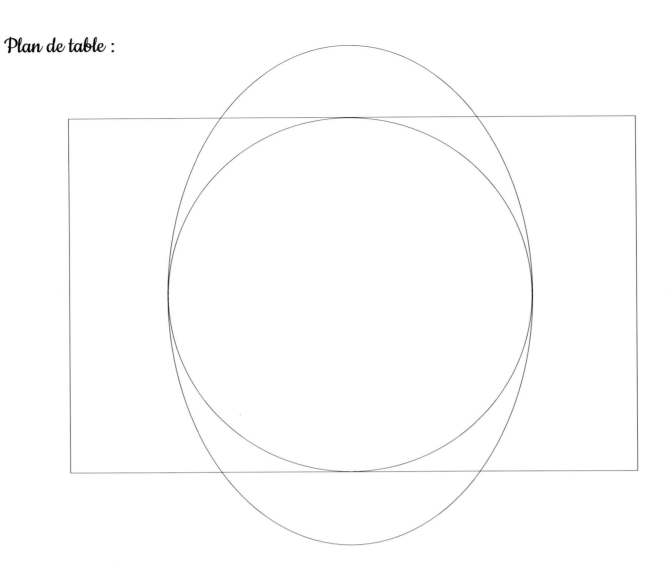

Photo Souvenir :

Date _____ Lieu _____   Nombre de convives _____
Occasion _____   Thème de la réception _____

Noms des invités :

1. _____
2. _____
3. _____
4. _____
5. _____
6. _____
7. _____

8. _____
9. _____
10. _____
11. _____
12. _____
13. _____
14. _____

Idées de menu

Menu définitif

Apéritif

Vins et Boissons

Thème et Décorations

Plan de table :

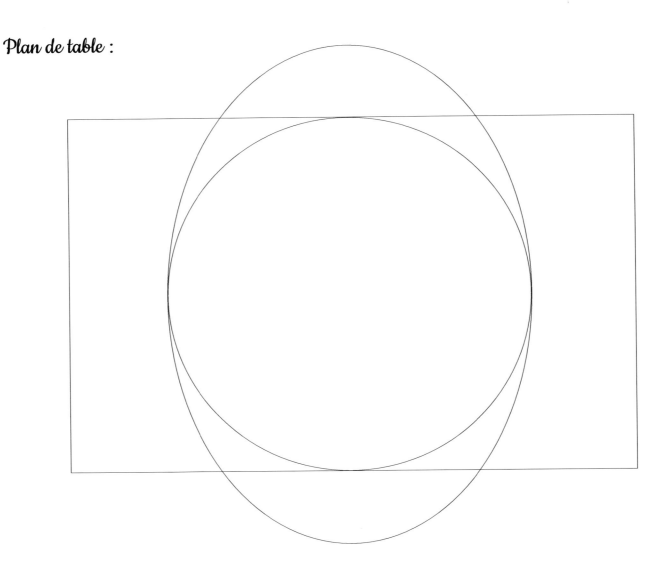

Photo Souvenir :

Date _____ Lieu _____   Nombre de convives _____
Occasion _____   Thème de la réception _____

Noms des invités :

1. _____
2. _____
3. _____
4. _____
5. _____
6. _____
7. _____

8. _____
9. _____
10. _____
11. _____
12. _____
13. _____
14. _____

Idées de menu

Menu définitif

Apéritif

Vins et Boissons

Thème et Décorations

Plan de table :

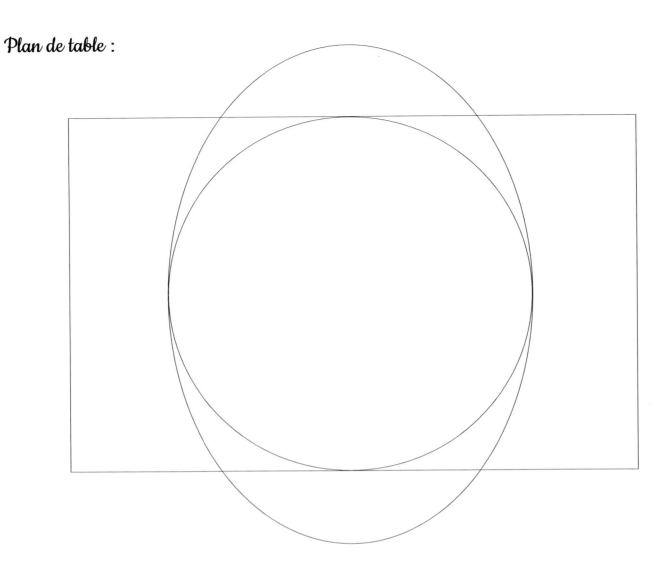

Photo Souvenir :

Date _____ Lieu _____ Nombre de convives _____
Occasion _____ Thème de la réception _____

Noms des invités :

1. _____
2. _____
3. _____
4. _____
5. _____
6. _____
7. _____

8. _____
9. _____
10. _____
11. _____
12. _____
13. _____
14. _____

Idées de menu

Menu définitif

Apéritif

Vins et Boissons

Thème et Décorations

Plan de table :

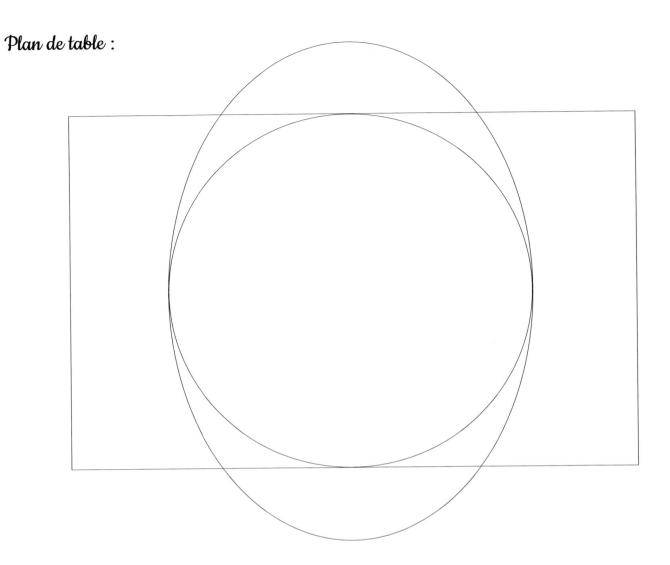

Photo Souvenir :

Date _____ Lieu _____   Nombre de convives _____
Occasion _____   Thème de la réception _____

Noms des invités :

1. _____
2. _____
3. _____
4. _____
5. _____
6. _____
7. _____

8. _____
9. _____
10. _____
11. _____
12. _____
13. _____
14. _____

Idées de menu

Menu définitif

Apéritif

Vins et Boissons

Thème et Décorations

Plan de table :

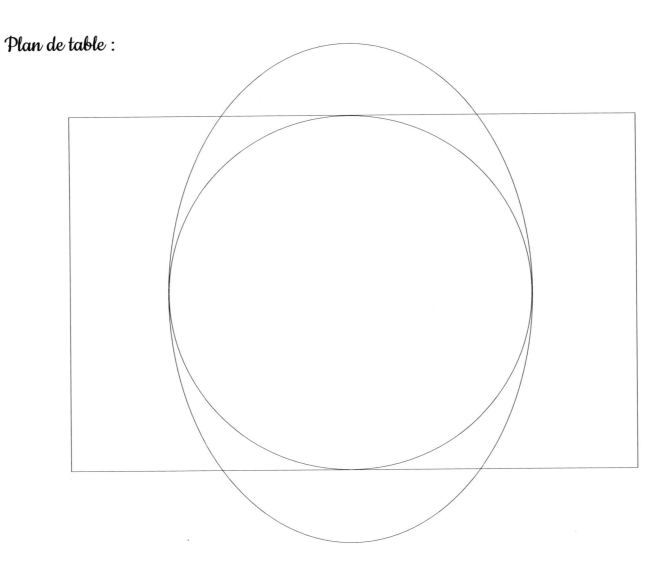

Photo Souvenir :

Date _____ Lieu _____

Occasion _____

Nombre de convives _____

Thème de la réception _____

Noms des invités :

1. _____
2. _____
3. _____
4. _____
5. _____
6. _____
7. _____

8. _____
9. _____
10. _____
11. _____
12. _____
13. _____
14. _____

Idées de menu

Menu définitif

Apéritif

Vins et Boissons

Thème et Décorations

Plan de table :

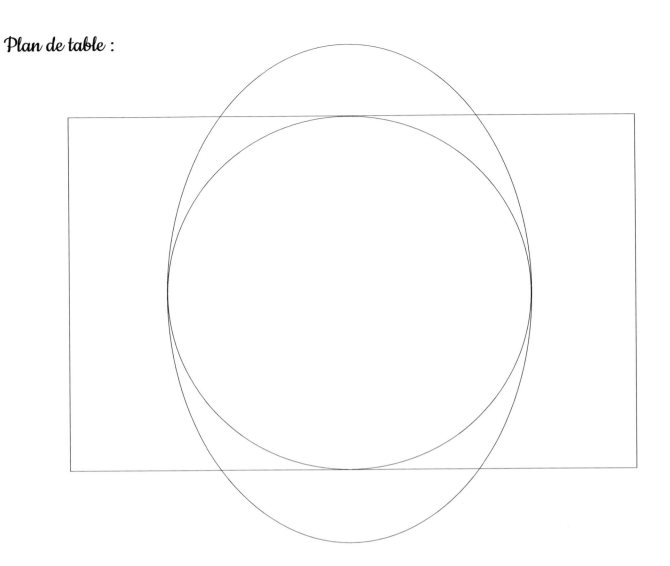

Photo Souvenir :

Date _____ Lieu _____   Nombre de convives _____
Occasion _____   Thème de la réception _____

Noms des invités :

1. _____
2. _____
3. _____
4. _____
5. _____
6. _____
7. _____

8. _____
9. _____
10. _____
11. _____
12. _____
13. _____
14. _____

Idées de menu

Menu définitif

Apéritif

Vins et Boissons

Thème et Décorations

Plan de table :

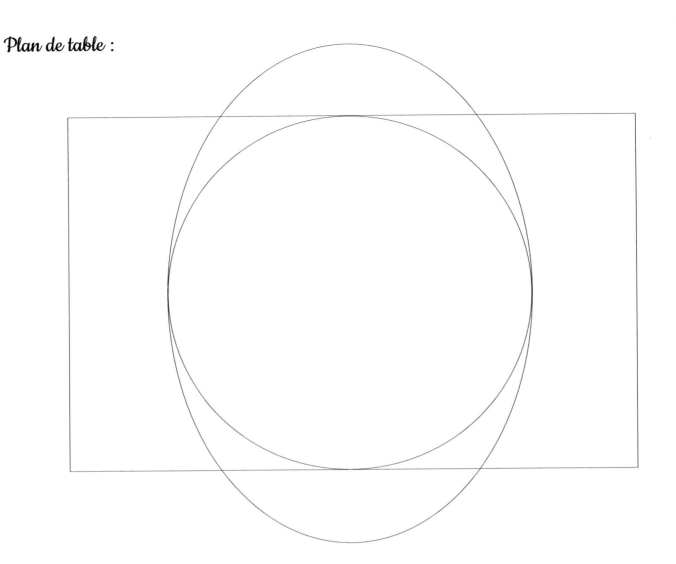

Photo Souvenir :

Date _____ Lieu _____

Nombre de convives _____

Occasion _____

Thème de la réception _____

Noms des invités :

1. _____
2. _____
3. _____
4. _____
5. _____
6. _____
7. _____

8. _____
9. _____
10. _____
11. _____
12. _____
13. _____
14. _____

Idées de menu

Menu définitif

Apéritif

Vins et Boissons

Thème et Décorations

Plan de table :

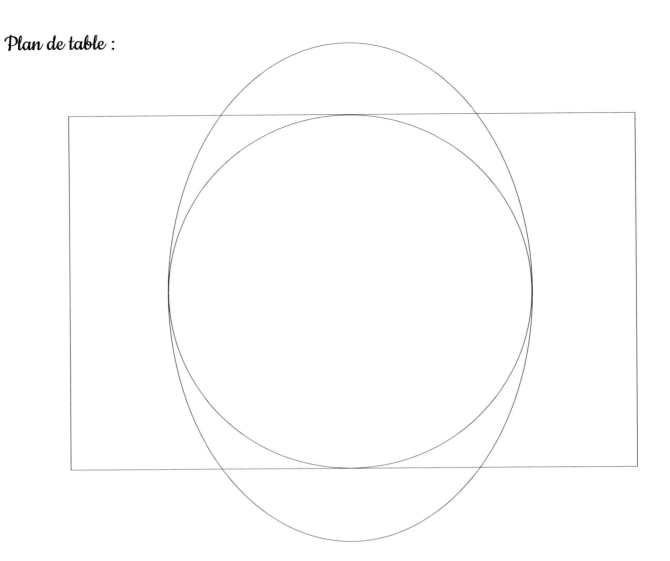

Photo Souvenir :

Date _____ Lieu _____ Nombre de convives _____

Occasion _____ Thème de la réception _____

Noms des invités :

1. _____
2. _____
3. _____
4. _____
5. _____
6. _____
7. _____

8. _____
9. _____
10. _____
11. _____
12. _____
13. _____
14. _____

Idées de menu

Menu définitif

Apéritif

Vins et Boissons

Thème et Décorations

Plan de table :

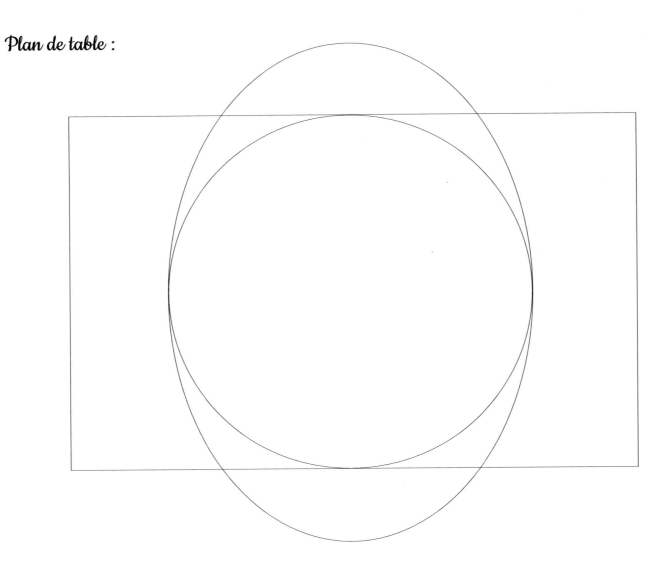

Photo Souvenir :

Date _____ Lieu _____ Nombre de convives _____
Occasion _____ Thème de la réception _____

Noms des invités :

1. _____
2. _____
3. _____
4. _____
5. _____
6. _____
7. _____

8. _____
9. _____
10. _____
11. _____
12. _____
13. _____
14. _____

Idées de menu

Menu définitif

Apéritif

Vins et Boissons

Thème et Décorations

Plan de table :

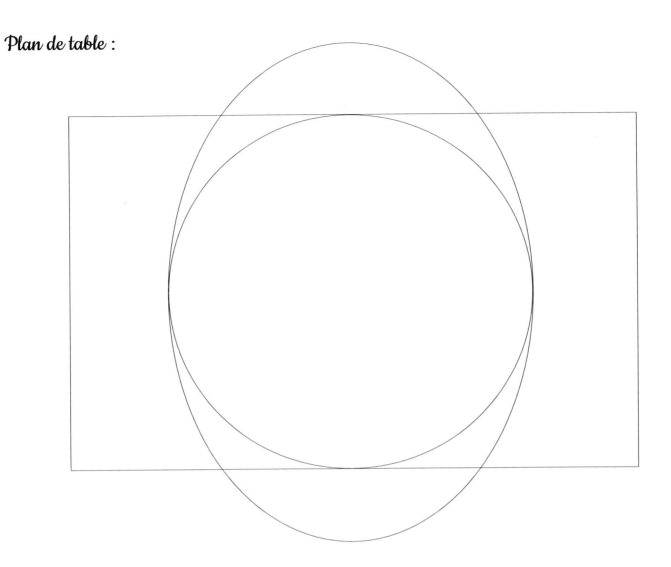

Photo Souvenir :

Date _____ Lieu _____ Nombre de convives _____
Occasion _____ Thème de la réception _____

Noms des invités :

1. _____
2. _____
3. _____
4. _____
5. _____
6. _____
7. _____

8. _____
9. _____
10. _____
11. _____
12. _____
13. _____
14. _____

Idées de menu

Menu définitif

Apéritif

Vins et Boissons

Thème et Décorations

Plan de table :

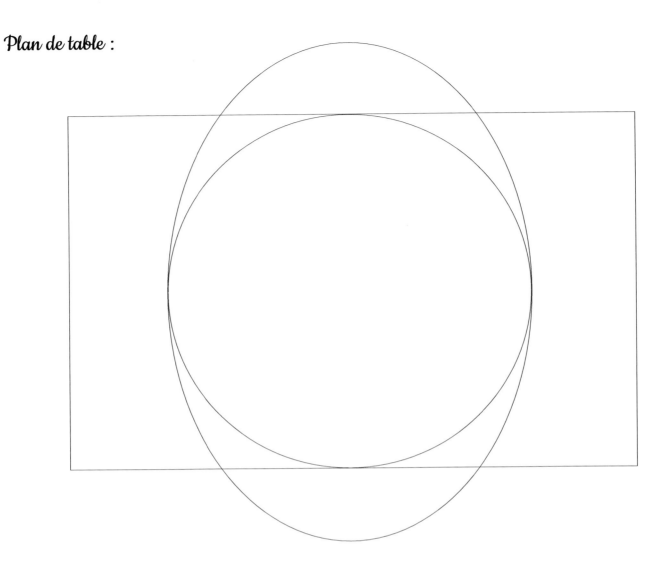

Photo Souvenir :

Date _____ Lieu _____ Nombre de convives _____
Occasion _____ Thème de la réception _____

Noms des invités :

1. _____
2. _____
3. _____
4. _____
5. _____
6. _____
7. _____

8. _____
9. _____
10. _____
11. _____
12. _____
13. _____
14. _____

Idées de menu

Menu définitif

Apéritif

Vins et Boissons

Thème et Décorations

Plan de table :

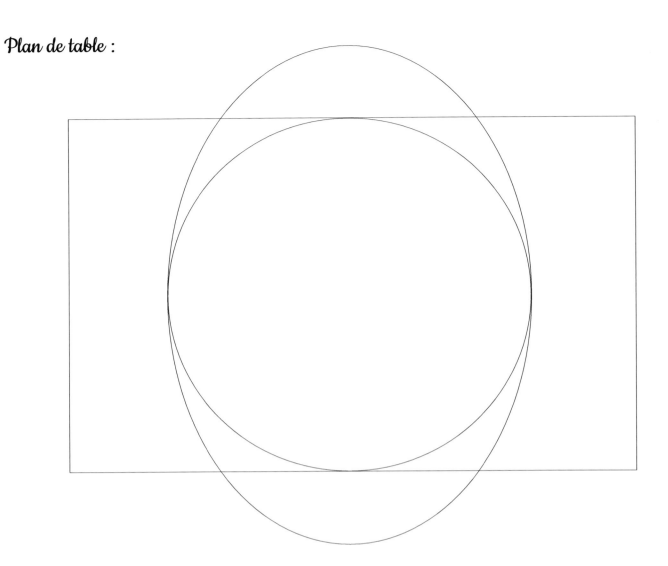

Photo Souvenir :

Date _____ Lieu _____ Nombre de convives _____
Occasion _____ Thème de la réception _____

Noms des invités :

1. _____
2. _____
3. _____
4. _____
5. _____
6. _____
7. _____

8. _____
9. _____
10. _____
11. _____
12. _____
13. _____
14. _____

Idées de menu

Menu définitif

Apéritif

Vins et Boissons

Thème et Décorations

Plan de table :

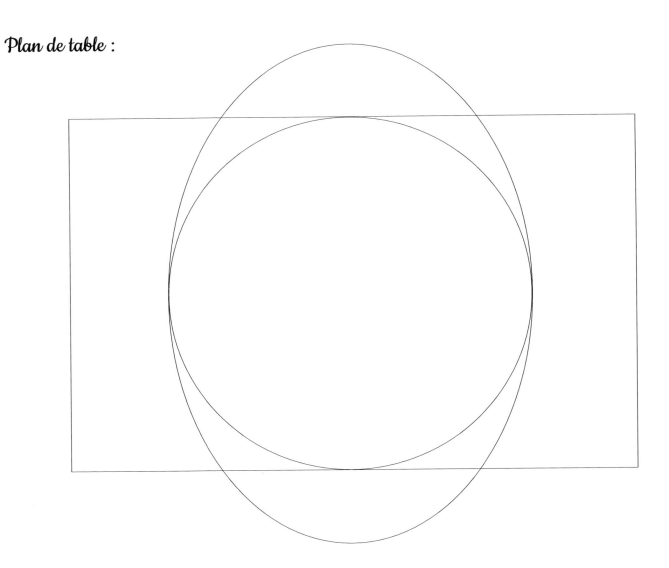

Photo Souvenir :

Date _____ Lieu _____ Nombre de convives _____

Occasion _____ Thème de la réception _____

Noms des invités :

1. _____
2. _____
3. _____
4. _____
5. _____
6. _____
7. _____

8. _____
9. _____
10. _____
11. _____
12. _____
13. _____
14. _____

Idées de menu

_____
_____
_____
_____
_____
_____
_____
_____
_____
_____
_____
_____

Menu définitif

_____
_____
_____
_____
_____
_____
_____
_____
_____
_____
_____
_____
_____

Apéritif

_____
_____
_____
_____
_____
_____
_____

Vins et Boissons

_____
_____
_____
_____
_____
_____

Thème et Décorations

_____
_____
_____
_____
_____
_____
_____

Plan de table :

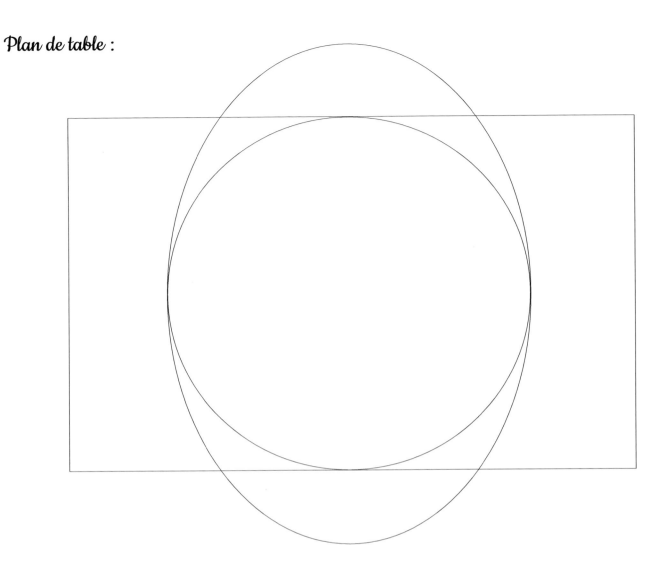

Photo Souvenir :

Date _____ Lieu _____   Nombre de convives _____
Occasion _____   Thème de la réception _____

Noms des invités :

1. _____
2. _____
3. _____
4. _____
5. _____
6. _____
7. _____

8. _____
9. _____
10. _____
11. _____
12. _____
13. _____
14. _____

Idées de menu

Menu définitif

Apéritif

Vins et Boissons

Thème et Décorations

Plan de table :

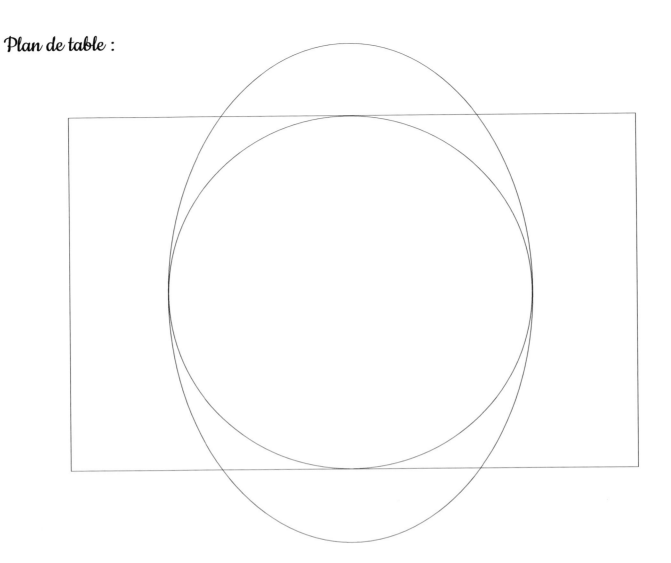

Photo Souvenir :

Date _____ Lieu _____   Nombre de convives _____
Occasion _____   Thème de la réception _____

Noms des invités :

1. _____
2. _____
3. _____
4. _____
5. _____
6. _____
7. _____

8. _____
9. _____
10. _____
11. _____
12. _____
13. _____
14. _____

Idées de menu

Menu définitif

Apéritif

Vins et Boissons

Thème et Décorations

Printed in France by Amazon
Brétigny-sur-Orge, FR

15396848R00036